Ce qu'on a voulu vous cacher !

LA RÉINCARNATION

Une grâce de la vie
Où mène le voyage de mon âme ?

Ce qu'on a voulu
vous cacher !

LA RÉINCARNATION

Une grâce de la vie

Où mène le voyage
de mon âme ?

Editions Gabriele
La Parole

Ce qu'on a voulu vous cacher !
LA RÉINCARNATION
Une grâce de la vie
Où mène le voyage de mon âme ?

1ère édition en français : août 2017

© Gabriele-Verlag Das Wort
Max-Braun-Str. 2, 97828 Marktheidenfeld, Allemagne
www.gabriele-verlag.com
www.editions-gabriele.com

Titre original en allemand :
Was Ihnen verschwiegen werden sollte:
REINKARNATION
Eine Gnadengabe des Lebens
Wohin geht die Reise meiner Seele?

Pour toute question se rapportant au sens,
l'édition allemande fait référence.
Traduction de l'allemand autorisée par
© Gabriele-Verlag Das Wort GmbH

Image de la couverture : © manu - Fotolia.com

N° ISBN : 978-3-89201-943-5

Table des matières

Introduction

« Le christianisme des origines – pour ou contre ? » C'est autour de ce thème que des personnes s'efforçant de suivre Jésus de Nazareth se sont retrouvées en automne 2007 pour une série de tables rondes, afin de traiter de différentes questions d'actualités, des questions brûlantes, comme par exemple : « La catastrophe climatique – Peut-on encore sauver ce monde ? » ou bien « Pourquoi Dieu n'intervient-Il pas ? » Au cours de ces échanges – auxquels Gabriele, la prophétesse et messagère de Dieu à notre époque, a contribué de manière déterminante – les évènements du monde ont été éclairés du point de vue du christianisme intérieur de Jésus de Nazareth qui n'a strictement rien de commun avec les simagrées des églises hégémoniques cherchant à imposer leur pouvoir.

Dans ce cadre, une question s'est alors posée : L'humanité n'est-elle pas en train de subir les conséquences de causes qu'elle a elle-même engendrées ? Mais plus surprenant que cette prise de conscience est que si peu de personnes semblent avoir conscience que leur comportement destructeur ou indifférent envers la nature et leurs prochains ne peut pas rester sans conséquences. « Après moi, le déluge ! », ce point de vue apparemment largement répandu, témoigne d'une ignorance fatale des interactions spirituelles, en particulier en ce qui concerne le sens de la vie de l'homme, son origine et son but. En effet, d'importantes connaissances spirituelles ont été cachées à l'humanité, des connaissances que Jésus de Nazareth apporta sur Terre, dans la continuité de ce que révélèrent les grands prophètes de l'ancienne alliance.

Gabriele résume une partie importante de ces connaissances par cette phrase : « *Nous ressentons que nous ne sommes pas de ce monde et que celui-ci ne constitue pour chacun de nous qu'un lieu de transit, que nous soyons un mendiant ou un roi. Nous ressentons que nous venons du royaume de Dieu et qu'à travers le Christ, grâce à Son acte de rédemption, nous retournons à la maison du Père, à notre existence véritable en tant qu'être pur de l'amour issu de Dieu.* »

Que se passe-t-il après la mort de l'être humain ? L'âme a-t-elle la possibilité de s'incarner encore une fois ? Dans quelles conditions et avec quel but ? Comment les connaissances sur la vie après la mort, le karma et la réincarnation ont-elles pu ainsi disparaître du paysage de l'occident chrétien ? Au regard de la catastrophe climatique mondiale en cours, ces questions fondamentales de l'humanité revêtent une importance existentielle toute particulière, car elles décident non seulement de notre attitude envers notre propre vie mais également envers la vie qui nous entoure.

Dans ce livre, le lecteur retrouvera le contenu légèrement résumé de deux de ces tables rondes sur les thèmes de la vie après la mort et de la réincarnation. Les différentes interventions des participants reprises ici en un seul texte, entraînent le lecteur au cœur d'un échange vivant au cours duquel toutes les grandes questions sont abordées et approfondies de manière unique grâce à la conscience spirituelle pleinement développée de Gabriele.

Les Editions Gabriele – La Parole

La vie que j'ai moi-même choisie

Avant de commencer ma vie sur Terre,
on m'a montré à quoi elle ressemblerait ;
j'en ai vu les afflictions, les chagrins,
la misère et les fardeaux de souffrance.
J'ai vu le vice m'accabler,
l'erreur m'emprisonner.
J'ai vu la colère dans laquelle je m'emporterais,
La haine et l'orgueil,
la fierté et la honte.

Mais j'ai vu aussi les joies de jours
remplis de lumière et de beaux rêves,
où il n'y a plus ni plaintes, ni plaies et
où partout coule la source du don,
où l'amour offre la félicité de la liberté
à celui qui est encore prisonnier de l'habit terrestre ;
des jours où l'homme s'arrache des tourments
de l'être humain pour penser comme
un élu d'esprits élevés.

On m'a montré les bons et les mauvais côtés,
on m'a montré la quantité de mes faiblesses,
on m'a montré la plaie par laquelle je saigne,
on m'a montré l'aide donnée par les anges.
Alors que je regardais ainsi ma vie future,
J'entendis un être me demander
si j'allais oser la vivre,
car l'heure de la décision avait sonné.

Après en avoir mesuré une nouvelle fois tous les mau-
vais côtés,
j'ai donné ma décision d'une voix ferme :
« Oui, c'est la vie que je veux vivre ! »
et dans le silence j'ai pris sur moi mon nouveau destin.
C'est ainsi que je suis né dans ce monde,
c'est ainsi que cela s'est passé quand je suis entré dans
cette nouvelle vie.
Je ne me plains pas,
même si souvent beaucoup de choses ne me plaisent pas,
Car avant de naître j'ai dit oui.

(Auteur inconnu ; le poème est attribué à Hermann Hesse)

D'où venons-nous ?
Où allons-nous ?

Beaucoup de gens ne se posent même plus ces questions. Ils se contentent de savoir qu'ils ont été conçus par leurs parents et qu'ils doivent apprendre à s'en sortir dans la vie, sans trop réfléchir au sens de leur existence. Il leur importe avant tout d'avoir du succès et de profiter de la vie. Nous mourons tous un jour. Ce qui se passe ensuite reste un mystère pour la plupart d'entre nous – si tant est que l'on croie à une vie après la mort.

D'où vient cette indifférence, cette apathie ? Se pourrait-il que les réponses de l'église à ces questions fondamentales de la vie soient tellement insoutenables que nous préférons ne plus savoir d'où nous venons et où nous irons ? En effet, selon les enseignements ecclésiastiques, l'âme humaine naît au moment de l'engendrement et ce qu'il adviendra d'elle se décide au cours d'une seule et même vie sur Terre. Si, enfants, nous avons été baptisés au sein de l'église, le sort de notre âme dépendrait soi-disant des critères suivants : avons-nous suivi les enseignements ecclésiastiques durant notre jeunesse et à l'âge adulte ? Avons-nous reçu les sacrements proposés par les prêtres ? Si ce n'est pas le cas, notre âme est alors inévitablement vouée à la damnation éternelle.

« *Si quelqu'un rejette toute tradition ecclésiastique, écrite ou non écrite, qu'il soit anathème.* » (cité au n° 441 du recueil actuel des « Textes doctrinaux du magistère de l'Eglise sur la foi catholique », traduction et présentation de Gervais Dumeige). Et selon l'enseignement catholique, celui qui est « anathème » finit dans le feu éternel de l'enfer : « *La sainte Eglise romaine croit fermement, professe et prêche "qu'aucun de ceux qui vivent en dehors de l'Eglise, non seulement les païens" mais aussi les juifs ou les hérétiques et les schismatiques, ne peut avoir part à la vie éternelle, mais qu'ils iront au feu éternel "préparé pour le diable et ses anges", sauf si avant la fin de leur vie ils sont réunis à l'Eglise.* » (cité au n° 433 du même recueil)

Même si on ne prend pas au sérieux cet incroyable message de menace, il reste cependant absurde de penser que 70 ou 80 ans d'existence terrestre puissent décider de toute une éternité ou encore qu'une âme immortelle pourrait être conçue par des parents mortels.

La réincarnation –
Une connaissance ancestrale de l'humanité

Le principe de la réincarnation apparaît ici beaucoup plus éclairant. La croyance en la réincarnation est aussi ancienne que l'humanité. Carl Gustav Jung, psychologue, considérait qu'elle appartient aux « archétypes » de la connaissance humaine. Plus de la moitié de la population mondiale considère la loi de cause à effet ainsi que le principe de la réincarnation comme tout à fait naturels. Contrairement à une opinion largement répandue, cet enseignement est présent dans toutes les cultures, pas seulement en Orient, dans le bouddhisme ou l'hindouisme, par exemple. Les églises qui se disent chrétiennes condamnent la réincarnation en avançant qu'elle fait partie des enseignements orientaux. Par ailleurs, elles intègrent pourtant au sein de leurs institutions des techniques de méditation provenant de religions orientales. Elles montrent ainsi leur manque de colonne vertébrale.

De plus, ce qu'elles affirment est faux. En effet, la pensée de la réincarnation faisait déjà partie de la philosophie grecque chez Pythagore et Platon. Elle était également présente en Egypte et de tout temps il y eut – comme aujourd'hui encore – des esprits éclairés, des poètes et des penseurs pour qui la possibilité de vivre plusieurs fois sur Terre dans le but de se purifier ne faisait aucun doute. A l'époque de Jésus, la pensée de la réincarnation faisait également partie des croyances populaires juives.

Shalom Ben Chorin, spécialiste juif des religions, écrit : « *Dans le judaïsme contemporain de Jésus, l'idée de la réincarnation est de toute évidence une croyance populaire. ... Ainsi les gens prirent Jésus pour l'un des anciens prophètes revenus (Luc 9, 8 et 19). Dans le Talmud, on trouve souvent d'étonnantes phrases qui témoignent d'une croyance en un cheminement de l'âme ou réincarnation, comme par exemple cette remarque : "Mardochée, c'est Samuel" exprimant que le juif Mardochée, l'oncle de la reine Esther, était la réincarnation du prophète Samuel... »* [1]

A l'époque du christianisme des origines, on trouvait également de nombreux écrits dans lesquels il ressortait que la pensée de la réincarnation était une évidence.

Par exemple, dans la *Pistis Sophia*, un évangile apocryphe (caché), Jésus parlant d'une âme qui quitte l'au-delà pour retourner dans un corps humain, dit qu'elle boit « le breuvage de l'oubli » [2].

La falsification de la Bible et ses conséquences

Cependant, comme beaucoup d'autres, ces écrits n'ont pas été inclus dans le canon officiel de la bible ecclésiastique. C'est vers la fin du 2ème siècle que l'église commença à sélectionner certains textes et à en exclure d'autres, une église que Jésus de

Nazareth n'a pas fondée et qui devenait progressivement une structure de pouvoir. Ce processus de sélection très ciblée (la canonisation) ne se termina qu'à la fin du 4ème siècle.

En l'an 383, le pape Damase Ier confie à Jérôme (345-420) la rédaction d'une bible unifiée, entièrement en latin. Le résultat fut appelé la Vulgate, la bible en latin. Aujourd'hui encore, on fait croire au peuple crédule qu'il s'agit là de la parole infaillible de Dieu. Pourtant, l'ensemble des textes dont Jérôme disposait est tout sauf homogène. A ce jour, on compte 4860 manuscrits grecs du Nouveau Testament parmi lesquels il n'en est pas deux qui soient identiques. Les théologiens comptent aujourd'hui environ 100 000 variantes. Jérôme qui lors de son travail modifia environ 3500 passages des évangiles, écrit à cette époque au pape : « *En effet, quel est l'homme de nos jours, savant ou non savant, qui… ne me traite de faussaire, de sacrilège, dont l'audace impie n'a point reculé devant des additions, des changements et des corrections à des textes consacrés par le temps ?* »

18

Mais qu'a-t-il retiré, qu'a-t-il ajouté et qu'a-t-il modifié ? Il faut partir du fait que Jérôme – d'une part, sous la pression de son donneur d'ordre, le pape et d'autre part, pour lui plaire et faire carrière dans la Curie – a supprimé de nombreux aspects de l'enseignement des premiers chrétiens, des aspects qui jusqu'au 4ème siècle étaient encore très répandus et qu'il connaissait lui-même. Il s'agit principalement de la connaissance de la réincarnation et de la préexistence de l'âme. Jérôme savait parfaitement que la réincarnation faisait partie de l'enseignement du christianisme antique. Dans une lettre, il écrit à propos d'Origène (185-254), philosophe du christianisme antique, que selon l'enseignement de ce dernier « l'âme change de corps ». *(Epistula 16)* Dans une autre lettre, on peut lire : « *Depuis les tout premiers temps, l'enseignement de la réincarnation … fait partie des croyances transmises de génération en génération.* »[3]

Un autre exemple : Jérôme connaissait l'importance de l'alimentation végétarienne pour les premiers chrétiens. Pourtant, cet aspect ne trouva pas sa place dans les textes officiels de la Bible. Et cela, bien que Jérôme fut lui-même végétarien et témoigne de ce qui suit: « *La consommation de la viande a commencé après le déluge. Cette dernière était inconnue jusqu'au déluge, mais après celui-ci, on a mis dans la bouche des hommes les fibres et les jus nauséabonds de la chair animale... Jésus-Christ, qui est apparu lorsque le temps en fut venu, a uni à nouveau la fin au commencement, afin que nous ne consommions plus de chair animale.* » [4] Dans un autre passage du même courrier, on peut lire : « *C'est pourquoi je vous dis : si vous voulez être parfaits, il vous faut abandonner la consommation de viande.* » [5]

La falsification historique de la bible des églises qui trouve son point culminant dans le travail de Jérôme a conduit l'humanité dans un gouffre qui, tout particulièrement aujourd'hui, devient de plus en plus profond. Pour tous les êtres vivants de la Terre et pour la planète elle-même, la suppression de différentes connaissances faisant partie du christianisme des origines a déclenché sur le plan spirituel une catastrophe d'une ampleur inimaginable, semant le malheur et influençant jusqu'à aujourd'hui la vie de tous. En effet, quel cours l'histoire aurait-elle pris si une grande partie de l'humanité avait eu connaissance que les actes négatifs peuvent retomber, dans cette vie ou lors d'une incarnation ultérieure, sur celui qui les commet – s'il ne s'en repent pas à temps et ne demande pas pardon ? Aurait-on mené tant de guerres « au nom de Dieu » ? Aurait-on exploité ainsi la nature sans aucune retenue, un comportement dont les conséquences se font maintenant ressentir ?

La réincarnation dans la Bible

Malgré les énormes manipulations des textes de la Bible, le lecteur attentif, qui sait lire entre les lignes, y retrouve certaines indications sur la réincarnation et la préexistence de l'âme.

Ces passages ont-ils peut-être été oubliés lors du processus d'« élimination » ?

Dans *Le livre de la Sagesse* (chap. 2), par exemple, il est question des « faux raisonnements » des « impies », c'est-à-dire de ceux qui se sont détournés de

Dieu. L'un de ces « faux raisonnements » est : « *Notre temps de vie passe aussi vite qu'une ombre et notre fin ne se répète pas. Elle est scellée et personne ne revient.* » (traduit de l'allemand) Cela induit à contrario qu'un raisonnement « juste » exprime qu'il est possible de revenir après la mort physique. Dans le même livre (Sagesse 8, 19), on trouve également une indication claire sur la préexistence de l'âme. Salomon, l'auteur de cette partie de la Bible dit à propos de lui-même : « *J'étais un enfant doué, j'avais reçu une âme bonne, ou plutôt, parce que j'étais bon, j'étais entré dans un corps sans souillure.* »

Le Nouveau Testament contient également des indications sur la réincarnation. Par exemple, Jésus, parlant de Jean-Baptiste, dit : « *Jean, c'est Elie qui devait revenir.* » (Mt 11,14) Plus tard, Il dira également : « *Mais, je vous le dis, Elie est déjà venu. Les gens ne l'ont pas reconnu et lui ont fait tout ce qu'ils ont voulu.* » (Mt 17,12) Dans un autre passage, Jésus demande à Ses disciples : « *Pour les gens, qui suis-Je, Moi, Jésus de Nazareth, le Fils de l'homme ?* » Et ils Lui répondent : « *Les uns disent que Tu es Jean-*

Baptiste. D'autres disent que Tu es Elie. D'autres encore disent que Tu es Jérémie ou l'un des autres prophètes. » (Mt 16,13-14) Ces textes montrent que les juifs contemporains de Jésus partaient du fait que l'homme peut s'incarner plusieurs fois.

Dans le texte original en grec de la Lettre de Jacques (3,6) on retrouve même le terme de « *roue de la naissance* » : « *La langue est l'organe du corps qui souille tout l'être humain et qui enflamme la roue de la naissance.* » (traduction de l'allemand) Cela signifie que si nous ne maîtrisons pas notre langage, nous engendrerons des causes pouvant entraîner d'autres incarnations. Pourtant, celui qui aujourd'hui lit ce passage dans la Bible s'étonnera d'y trouver des traductions trompeuses. La « *roue de la naissance* » est remplacée par « *le cours de l'existence* » ou « *notre vie, de la naissance jusqu'à la mort* » ou encore « *le cycle de la nature* », pour ne prendre que quelques exemples.

Lorsque l'on s'adresse à ce sujet à des théologiens, ils renvoient la plupart du temps à un passage de la Lettre des Hébreux (9,27) qui, selon eux, dément clairement la réincarnation : « *Tout être humain est destiné à mourir une seule fois, puis à être jugé par Dieu. De même, le Christ aussi a été offert en sacrifice une seule fois pour enlever les péchés d'une multitude de gens. Il apparaîtra une seconde fois, non plus pour éliminer les péchés, mais pour accorder le salut à ceux qui attendent Sa venue.* » Pourtant, une analyse plus poussée de ce passage dévoile une falsification ultérieure du texte par des ajouts, « *une seule fois... offert en sacrifice... enlever les péchés...* ». En effet, si d'une part l'on retire ces ajouts et que d'autre part, l'on fait une traduction grammaticalement plus correcte, cette phrase prend un tout autre sens : « *Tant que l'homme sera destiné à mourir et à être jugé, le Christ apparaîtra pour apporter le salut à ceux qui attendent Sa venue.* » [6] Cela signifie que tant que l'homme meurt, c'est-à-dire tant qu'il est lié à la roue de la réincarnation, le Christ le soutiendra dans ce processus, dans la mesure où l'homme s'oriente sur Lui par une vie emplie de Dieu. Par le biais d'une déduction logique, la soi-disant preuve contre la réincarnation se transforme soudain en argument en sa faveur. En effet, sans la pensée de la réincarnation, la partie de la phrase : « *Tant que l'homme sera destiné à mourir…* » n'aurait pratiquement aucun sens.

Les anathèmes contre Origène

Avant d'être victime du complot de la caste des prêtres, l'enseignement de la réincarnation était bien vivant dans le christianisme antique, c'est ce que montre l'exemple d'Origène (185-254) qui était sans aucun doute l'érudit le plus connu et le plus important de l'Antiquité chrétienne. Ses connaissances et sa vie ont éclairé tout le bassin méditerranéen pendant plus de trois siècles.

Origène, surnommé « cœur de diamant », fut le premier à comparer entre eux d'un œil critique les différentes versions des écrits de l'Ancien Testament et des textes des Evangiles qui lui étaient accessibles ainsi que des traductions en plusieurs langues. En cela – ainsi qu'en beaucoup d'autres points – il était en avance de 1700 ans sur la science !

Il fut victime, comme de nombreux autres chrétiens des origines, de la persécution qui fut ordonnée par l'empereur Dèce en l'an 250 et qui sévit sur tout l'empire romain. Il mourra quatre ans plus tard des suites de ses tortures. Comme tous les chrétiens des origines, Origène avait connaissance de la réincarnation.

Dans son « Commentaire sur Jean », Origène écrit que le « *concept de la réincarnation est très éclairant.* »[7] Et dans son commentaire sur les histoires bibliques de Jacob et Esaü, il écrit : « *Nous devons partir du fait que Jacob a été avantagé par rapport à son frère… à cause des mérites d'une vie précédente.* »[8]

La préexistence de l'âme faisait également partie du savoir transmis par Origène. Voici ce que dit l'un de ses contemporains, l'évêque Cyrille d'Alexandrie : « *Origène dit que les âmes existent avant les corps et sont déchues de la sainteté par de mauvaises convoitises et ainsi tombées loin de Dieu ; pour cette raison, Il les avait condamnées et mises dans des corps, et les âmes seraient dans la chair comme dans une prison.* »[9]

Origène vivait à une époque où le christianisme originel était déjà en train de se transformer complètement, de se convertir en une institution hégémonique basée sur des rituels extérieurs et des coutumes reprises du paganisme. De son vivant déjà, il fut très attaqué – et après sa mort, ses points de vue firent régulièrement l'objet de féroces conflits d'opinions où même ses défenseurs perdirent peu à peu de vue son enseignement d'origine. Ainsi l'un de ses traducteurs, Rufin d'Aquilée (345-410), qui plus d'un siècle après la mort d'Origène traduisit ses textes du grec en latin, reconnaît : « *Je n'ai pas traduit ce qui semblait en contradiction avec les autres déclarations d'Origène et notre foi, j'ai considéré ces passages comme ajoutés et falsifiés par d'autres* » et « *pour rendre certains passages plus clairs, nous avons ajouté en guise d'explication des développements sur le même sujet lus dans ses autres livres.* »[10]

A la fin du 4ème siècle, les écrits d'Origène étaient déjà non seulement falsifiés, mais aussi systématiquement détruits par les représentants de l'église.[11] Il ne reste aujourd'hui que quelques bribes de ses textes originaux. Pourtant, à travers l'arianisme, par Arius (ca. 260-336) et Wulfila (313-383), l'enseignement d'Origène se répandit largement en Europe. Cette « hérésie » était une épine dans le pied de l'église. Cette dernière incita donc Justinien (env. 482-565), empereur romain d'Orient, à entrer en guerre contre les Ostrogoths d'Italie d'orientation arianiste. Ils seront pratiquement tous décimés. Afin de préparer cette guerre d'extermination, Justinien fit interdire l'enseignement d'Origène à travers neuf anathèmes décrétés au synode de l'église d'Orient à Constantinople en 543. Ces anathèmes aux accents martiaux s'achèvent sur cette phrase :

« Anathème contre Origène… et contre tous ses autres enseignements abominables et maudits ainsi qu'envers tous ceux qui pensent ou défendent de telles choses ou qui osent de quelque manière et à quelque moment que ce soit s'en faire les représentants. » [12]

La « réincarnation » n'est pas citée expressément dans ces anathèmes, mais par contre la préexistence de l'âme et le « rétablissement de toutes choses », c'est-à-dire l'enseignement qui dit que tous les hommes et toutes les âmes seront un jour à nouveau auprès de Dieu et qu'il n'y a donc pas de « damnation éternelle ». L'enseignement de la réincarnation connu au temps du premier christianisme se retrouvait ainsi dénué de toute assise. Pourquoi en fut-il ainsi ? Parce que la croyance en la réincarnation libère les hommes de tous les dogmes et préceptes de l'église. Dix ans plus tard, dans le cadre du concile de Constantinople (553), ces anathèmes furent renforcés par six autres.

Les conséquences du rejet de la réincarnation

Ainsi, la vérité des cieux fut officiellement éliminée pour longtemps. Si Jérôme avait intégré dans la Bible les connaissances du christianisme des origines sur la réincarnation, contenues non seulement dans les écrits d'Origène mais également dans les évangiles apocryphes, il les aurait ainsi mises à la disposition du monde occidental et les 1700 ans passés se seraient sans nul doute déroulés tout autrement.

L'humanité aurait appris à mettre en pratique dans sa vie quotidienne des valeurs tout à fait différentes de celles d'aujourd'hui, de hautes valeurs éthiques et morales. En effet, la connaissance de la réincarnation et celle de la loi de cause à effet incluent logiquement la prise de conscience de la responsabilité que l'on a pour sa vie et son comportement. La Terre serait éventuellement déjà un paradis et Jésus, le Christ de Dieu, aurait peut-être déjà réalisé le royaume de paix sur Terre qu'Il avait annoncé, car les hommes auraient vécu selon Ses enseignements et Ses commandements. Cependant, au lieu de l'enseignement de la réincarnation et de l'amour de Dieu pour Ses enfants, au lieu de l'enseignement qui apprend à chacun que Dieu habite en nous, qu'Il est la vie en toute chose, que la Terre est un lieu d'apprentissage et de mise à l'épreuve pour les âmes déchues – tel que Jésus, le Christ l'a transmis à Ses disciples et à nous tous – l'église a transmis un enseignement extérieur fait de cultes de sacrifices sanglants tout droit sortis de l'âge de pierre, elle a enseigné la damnation éternelle et un dieu cruel et vengeur.

La papauté, que le Christ n'a jamais voulue, fut établie et imposée à l'humanité par la violence, le glaive et le feu, comme le furent les falsifications de la Bible.

Ces orientations, ces décisions prises par la caste des prêtres au pouvoir à l'époque et par les dirigeants séculiers à sa solde, la noblesse et les politiciens, vont aujourd'hui encore totalement à l'encontre de l'action du Christ de Dieu et ne servent ainsi pas Dieu mais Son adversaire.

La grossière falsification de la vérité orchestrée par l'église a sans aucun doute durablement marqué, voire empoisonné, la conscience occidentale et, à travers elle, la conscience d'une grande partie de l'humanité.

Le malheur a commencé lorsque la caste des prêtres réprima la parole prophétique qui était encore vivante dans les communes du christianisme des origines : « *De plus, nous avons la parole prophétique qui est la solidité même, sur laquelle vous avez raison de fixer votre regard comme sur une lampe*

Au cours des siècles précédents, si les hommes avaient cru les grands prophètes de l'ancienne alliance dans l'Ancien Testament et s'ils avaient fait ce que Dieu enseignait à travers eux, la caste des prêtres n'aurait pas pu prendre le pouvoir. Ainsi, le christianisme des origines n'aurait pas pu être transformé en son contraire et l'église n'aurait pas pu jouir de ce pouvoir plus tard. Cependant, les prophètes ont toujours été persécutés, assassinés et soumis à d'innombrables cruautés. Aujourd'hui, ils font l'objet de citations dans les livres de l'église institutionnelle, mais leur enseignement n'est pas mis en pratique. D'ailleurs, à ce sujet, une question s'impose : l'église transmet-elle ce que Jésus a enseigné ?

Bien au contraire, les églises continuent d'exposer le cadavre de Jésus sur la croix. Il s'agit là d'une véritable insulte à Jésus, au Christ, Lui qui a apporté à tous la victoire, la vie ainsi que la résurrection dans tous les cœurs qui se tournent vers

Lui. Les premiers chrétiens ignoraient la croix qui porte le corps de Jésus, le crucifix dont l'adversaire de Dieu se sert pour symboliser le soi-disant échec du Christ.

Jésus a enseigné d'aimer ses ennemis ; Il a mis en garde devant l'accumulation de « *trésors que les mites et la rouille détruisent* » ; Il n'a pas institué de prêtres, pas plus qu'Il n'a baptisé de nourrissons. Il a également enseigné : « *…n'appelez personne sur la Terre "père", car un seul est votre père, le Père céleste.* » C'était là l'enseignement de Jésus, le Christ.

Sur la Croix, le Christ a prononcé : « *Tout est accompli.* » – c'est fait maintenant, Il a apporté à chacun de nous la lumière du Père, la force de la rédemption. Que veut ajouter l'église à cela ? A quoi servent tous ses sacrements ? Pourquoi adorer des ostensoirs, des statues de saints, des reliques ? Pourquoi s'adresser à un être humain en disant « Saint-Père » et embrasser son anneau couvert du sang de tant de personnes et de tant d'animaux ? Pourquoi tout cela alors que le Christ a dit : « *Tout est accompli.* » ?

Là aussi, différentes questions surgissent : Quelle culpabilité incommensurable pèse sur cette église ? Combien de guerres aurait-on pu éviter ? Combien de souffrance aurait pu être épargnée à l'ensemble de la nature et des animaux ? A quoi ressemblerait la Terre aujourd'hui si l'enseignement de la réincarnation et la prise de conscience que ce que l'homme sème, il le récolte, avaient touché le cœur des hommes dès les premiers siècles après la venue du Christ sur Terre ? Serions-nous aujourd'hui en train de parler de destruction de la planète ?

Mais le temps est venu où par la parole prophétique donnée à travers Gabriele, la prophétesse instructrice et messagère de Dieu à notre époque, le Christ de Dieu offre à nouveau à l'humanité la connaissance de la réincarnation. Depuis plus de 40 ans, Dieu, le Père bon et tout-puissant, parle à nouveau à Ses enfants. Et tel que Jésus l'a annoncé il y a plus de deux mille ans, à travers la parole prophétique Il a conduit les hommes dans toute la vérité, autant qu'il leur est possible de la comprendre.

Le message de l'Esprit du Christ de Dieu adressé à tous les hommes en ce grand tournant d'ère, Ses enseignements donnés à travers Gabriele, apportent des réponses complètes à toutes les questions fondamentales de notre existence terrestre, comme par exemple : Vivons-nous plusieurs fois sur Terre ? Si oui, pour quelle raison et dans quel but ? D'où vient notre âme ? De quelles caractéristiques est-elle dotée lorsqu'elle s'incarne ? Et où va-t-elle lorsqu'elle quitte le corps humain qui était son véhicule sur Terre ? Comment vit-elle alors ? Et où mène le voyage de notre âme ? Vers quel but se dirige-t-elle ?

La réincarnation – un « automatisme » ?

Afin de pouvoir condamner plus facilement la croyance en la réincarnation qui n'a évidemment pas sa place dans le concept de l'enseignement de l'église, les théologiens la transforment en une croyance sombre et inquiétante. Ainsi, ils la qualifient de « mécanisme » ou d'« automatisme » incompatible avec la dignité humaine et la filiation divine. Pourtant, la pensée de la réincarnation est en étroite relation avec la loi de cause à effet dont l'apôtre Paul, hautement vénéré par l'église, dit : « *Ne vous y trompez pas : on ne se moque pas de Dieu. L'homme récoltera ce qu'il aura semé.* » (Galates 6,7)

Autrement dit : L'homme récolte ce qu'il a lui-même semé auparavant. Ce que nous rencontrons dans cette vie, nous l'avons donc nous-mêmes causé – éventuellement au cours d'une incarnation passée. Aujourd'hui, il nous est offert de reconnaître ces semailles et de les mettre en ordre avec l'aide du Christ de Dieu. N'est-ce pas là une grande grâce ? Nous pouvons être vraiment reconnaissants que Dieu nous offre toujours de nouvelles chances pour nous libérer de nos charges et nous purifier – au lieu de n'avoir qu'une seule vie au cours de laquelle tout se déciderait pour toujours, tel que l'église l'affirme.

Le principe de la réincarnation n'a rien à voir non plus avec une « auto-rédemption » qui rendrait superflu l'acte de rédemption de Jésus de Nazareth. Bien au contraire, grâce à la force rédemptrice du Christ de Dieu, avec Son aide, nous pouvons sans cesse nous relever lorsque nous sommes tombés. Sa force nous permet de rebrousser chemin intérieurement et d'évoluer peu à peu, d'incarnation en incarnation, en accomplissant toujours plus Sa volonté.

L'Esprit de Dieu
habite en chaque homme

Le vrai christianisme implique de le vivre en toute liberté. Cela signifie, ainsi que Jésus de Nazareth nous y a invités, de suivre le Christ et Lui seul. Cependant, Le suivre ne signifie pas seulement accepter Son enseignement, mais aussi le mettre en pratique dans sa vie, au quotidien. Il en résulte une religion intérieure, le christianisme intérieur, car l'Esprit de Dieu est en chaque être humain !

De vrais chrétiens ont conscience que chaque être humain est le temple de Dieu et que l'Esprit de Dieu habite en nous. L'Esprit de Dieu se trouvant au plus profond de notre âme, les chrétiens des origines cheminent vers l'intérieur. Ils dirigent leurs prières au plus profond d'eux-mêmes, vers le Christ de Dieu qui est dans l'âme.

Pourquoi dans ce cas une religion extérieure, un christianisme extérieur ? Si chacun de nous est le temple de Dieu et peut s'adresser directement au Christ de Dieu dans ses prières, pourquoi alors des églises faites de main d'homme ? Il est éventuellement conseillé de se retirer dans une pièce calme et silencieuse afin de s'intérioriser et de prier profondément. Nul besoin pour cela d'églises chamarrées d'or. C'est ce que Jésus de Nazareth enseignait déjà. Etienne, l'un de Ses élèves, en témoigne : « *Et pourtant le Très-Haut n'habite pas des demeures construites par la main des hommes.* » (Actes 7,48)

Alors pourquoi toutes ces églises faites de main d'homme, renfermant d'innombrables trésors ; pourquoi tant de cathédrales et de prétendues « maisons de Dieu » chamarrées d'or ? Prenons réellement conscience que Dieu n'habite pas dans de telles églises mais en chaque être humain.

La religion extérieure, la religion des églises, avec ses préceptes, ses dogmes et ses rites, maintient les gens dans la dépendance. Il s'agit d'une institution basée sur des cultes, des rituels et qui de plus enseigne que quiconque n'accomplit pas les rituels et préceptes ecclésiastiques serait damné par Dieu (!) pour l'éternité – autrement dit condamné à des souffrances infernales et incessantes, à d'insupportables tortures, rejeté très loin de Dieu. Cependant, le royaume de Dieu ne connaît pas de damnation éternelle. Si cette menace de la « damnation éternelle », que l'on peut qualifier d'enseignement de la haine, a pu tyranniser les fidèles de l'église, c'est uniquement parce que cette dernière, en réprimant la connaissance de la réincarnation, a en quelque sorte dénié à Dieu la grâce, plongeant ainsi les hommes, Ses enfants, dans un profond sentiment d'abandon et de désespoir.

Donc, lorsque des théologiens avancent que la réincarnation serait un « automatisme » indigne de la filiation divine, cela est insensé. Dans ce cas, on pourrait tout aussi bien dire que la nature tout entière est un « automatisme ». Les hommes sont issus de la terre et appartiennent à la Terre-Mère, à la nature. Si ce qui a lieu en son sein était un « automatisme », cela serait également valable pour la réincarnation. Cependant la nature n'est pas un « automatisme », pas plus que la réincarnation – il s'agit plutôt d'une « loi de la nature » qui comprend la liberté de poursuivre son évolution d'incarnation en incarnation et d'éviter ainsi encore d'autres incarnations.

L'exemple de la nature

Pensons aux saisons. Au printemps : la sève vient de la Terre-Mère. Les arbres bourgeonnent. Ils font naître des fruits que l'été fait mûrir. Vers la fin de l'été ainsi qu'à l'automne, la nature offre ses fruits. La fin de l'automne et l'hiver sont des périodes de repos. Ces processus ne sont pourtant pas des « automatismes ». Ils sont inclus dans un cycle au cours duquel les végétaux croissent, se développent, se retirent puis reviennent pour donner à nouveau. Ce cycle est similaire chez les êtres humains. Après la mort du corps physique, l'âme peut revenir afin d'accomplir ce qui est inscrit dans la loi éternelle : donner et recevoir ; donner le fruit spirituel et recevoir la vie éternelle.

Ainsi, lorsqu'une personne n'a pas accompli les lois de la Vie, son âme est éventuellement prête à revenir sur Terre dans le but de se défaire de ses aspects trop humains qui l'ont empêchée de donner et de recevoir et cela, jusqu'à ce qu'elle ait appris à le faire et puisse ainsi retourner peu à peu dans la maison du Père éternel. Cela n'a absolument rien à voir avec de « l'automatisme », il s'agit là de la grâce de Dieu. La « damnation éternelle » qui maintient encore tant de croyants d'église sous son joug n'a pas sa place dans cette grâce ; elle est ainsi invalidée. Par là même, l'église institutionnelle le serait elle aussi, cette église qui pendant des siècles a cherché à lier à elle l'âme des hommes en les menaçant de damnation éternelle et en leur transmettant l'idée d'un salut obtenu de façon automatique par des rituels extérieurs.

Les catholiques et les protestants qui ne croient pas en la réincarnation devraient logiquement croire en la damnation éternelle. En effet, selon l'enseignement de l'église, si une âme est lourdement chargée, elle est damnée pour l'éternité. Pas selon la grâce de Dieu ! Car une âme chargée de péchés a la possibilité de revenir pour les mettre progressivement en ordre et ainsi se libérer pour s'ouvrir à la Vie qu'est Dieu et retourner en elle, c'est-à-dire également dans la maison du Père éternel.

Sommes-nous les marionnettes
d'un Dieu cruel ?

D'où vient l'âme ? L'église enseigne qu'une âme immortelle est créée au moment de la conception de l'enfant. Mais qui la crée ?

L'église part du fait qu'au moment de la conception, Dieu apporte en quelque sorte Sa contribution afin de créer cette âme immortelle. En poussant ce raisonnement jusqu'au bout, on pourrait presque dire que l'église rabaisse Dieu au rôle d'un subalterne, une sorte de valet créateur au service de l'homme.

Selon l'église, par l'intervention de Dieu, l'âme immortelle naîtrait au moment de l'union de deux personnes engendrant un enfant.

Autrement dit, si Dieu intervenait lors de l'engendrement humain pour créer une âme immortelle, Il le ferait, Lui qui sait toute chose, en sachant qu'Il devrait éventuellement par la suite la vouer à la damnation éternelle. Ne serait-ce pas là un dieu cruel et terrifiant ?!

Cette affirmation de l'église catholique fait également partie de l'enseignement de l'église protestante. Mais, l'enseignement protestant de Luther va plus loin encore. Selon lui, dès le début de leur création, Dieu sait déjà quelles âmes finiront en enfer et quelles autres iront aux cieux. Luther affirme en effet que l'être humain ne possède pas vraiment de libre arbitre, que son destin – connu de Dieu dès le départ – est déterminé à l'avance. Quel Dieu cruel !

S'il en était vraiment ainsi, nous ne serions alors que des marionnettes n'ayant d'autre choix que d'accomplir docilement le plan forgé par un quelconque Dieu arbitraire !

Selon l'enseignement de Luther, Dieu serait comparable à un cavalier sur sa monture, l'âme humaine, qu'Il possèderait entièrement et à laquelle il aurait retiré toute liberté de décision. On est amené à constater que l'enseignement protestant-luthérien déniant la liberté n'est absolument pas compatible avec les constitutions libérales de la plupart des pays européens. En effet, celui qui dénie à l'homme la liberté de décision, nie également sa liberté de décider entre le bien et le mal, de respecter ou non les lois de Dieu, mais également les lois de ce monde !

Si cet aspect de l'enseignement de Luther était vrai, il serait de bon sens de s'interroger : si Dieu a déjà par avance tout décidé pour moi, pourquoi alors continuer à aller à l'église ? Les pasteurs protestants, conscients de ce dilemme, préfèrent ainsi occulter cet aspect plutôt que d'en parler à leurs fidèles. Ceux-ci pourraient en effet faire usage de la raison que Dieu leur a donnée.

L'enseignement protestant est tout particulièrement marqué par les propos de Luther et de Paul qui affirment que la foi seule suffit et que sa mise en pratique, les actes, ne sont donc pas déterminants. Mais à quoi me sert-il d'avoir la « bonne » foi si j'appartiens à cette partie malchanceuse de l'humanité dont Dieu sait déjà qu'elle finira en enfer ?

Que de paradoxes dans tout cela ! De surcroît, je dois payer des « impôts ecclésiastiques » (n.d.t. : c'est le cas dans certains pays) ou le denier du culte pour avoir le droit de finir en enfer et d'offrir une belle vie à ceux qui le prêchent.

La plupart de ceux qui paient des impôts ecclésiastiques ou le denier du culte ne connaissent pas vraiment l'enseignement qu'ils soutiennent ainsi. Il faut dire que l'église protestante-luthérienne tente autant que possible d'enjoliver et d'occulter cette partie sordide de l'enseignement de son fondateur. En effet, aujourd'hui, très peu de protestants connaissent la véritable teneur de cet enseignement qui dénie à l'homme toute liberté et qui va ainsi à l'encontre de la dignité humaine.

Quelle est la véritable origine de l'âme ?

A l'origine, l'âme était un être spirituel pur dans le royaume de Dieu. Cependant, à un moment donné, certains êtres spirituels se détournèrent de Dieu ; ils chutèrent toujours plus bas. Pour prendre une image, on pourrait dire qu'ils s'enfoncèrent dans l'abîme. Cette chute eut donc lieu en raison de leur opposition à Dieu. Certains êtres divins voulurent être omniprésents, c'est-à-dire être comme Dieu. Or, il n'existe qu'*un seul* Dieu, *une seule* loi absolue comprenant toutes choses, il n'est donc pas possible de s'opposer à Dieu. Celui qui le fait se livre alors aux effets des causes qu'il engendre, à la récolte de ses semailles.

Ainsi, au cours de ce processus de la chute, les êtres déchus se densifièrent toujours plus, leur corps spirituel de matière subtile se transforma en un corps plus grossier, jusqu'à devenir matière. Dans cet habit matériel qu'est l'être humain, l'âme se trouvant dans le corps physique est liée à la loi de cause à effet qu'en réalité elle a elle-même créée.

Aussi longtemps que l'âme incarnée dans le corps physique est soumise à cette loi, elle a pour tâche de réparer le désordre qu'elle a créé dans l'ordre divin en raison de ses fautes. C'est à la fois très logique et tout à fait juste. En effet, on ne peut pas attendre de Dieu – tel que le font apparemment les théologiens – qu'Il fasse tout simplement disparaître, comme par enchantement, le désordre causé par chaque âme à travers des comportements trop humains, pécheurs. Ce n'est pas possible, car Dieu a offert la liberté à Ses enfants. En relation avec la loi de cause à effet, cette liberté implique que je dois moi-même mettre en ordre le tort que j'ai causé et le réparer.

Si Dieu effaçait tout simplement nos péchés, à quoi cela servirait-il ? Si, par exemple, Il ôtait d'une personne violente sa charge, les fautes commises envers d'autres, sans qu'elle en prenne conscience, s'en repente et rebrousse chemin, que se passerait-il alors ? Deviendrait-elle pour autant pacifique ? Sans prise de conscience, elle ne pourrait pas changer. Elle répéterait rapidement les mêmes fautes, par exemple des actes de violence. Et si Dieu utilisait Sa force pour maintenir à tout prix cette personne dans un comportement pacifique – l'être humain ne serait-il pas alors réduit à une simple marionnette ?

La liberté est synonyme de responsabilité

Cette liberté que Dieu nous a donnée représente en même temps une grande responsabilité pour notre propre vie. Et les deux, la liberté comme la responsabilité, représentent une menace pour les églises, car plus des personnes agissent en toute liberté et prennent la responsabilité de leurs actes, moins il est possible de les dominer. Un nombre croissant de personnes reconnaît que Dieu est un Dieu d'amour et de liberté, qui n'inflige aucune punition, contrairement à ce qui a été enseigné à tort.

En fait, chacun prend lui-même la décision de se réincarner ou bien de suivre consciemment et résolument le chemin du retour dans la maison du Père. L'Eternel nous a enseigné les Dix Commandements à travers Moïse pour nous permettre de retourner auprès de Lui. C'est également dans ce but que Son Fils, Jésus, le Christ, est venu sur Terre. Il nous a enseigné l'amour de Dieu et le chemin qui ramène à Lui, notre Père. Dans Son immense amour pour nous, les hommes, Il nous a apporté la liberté et la lumière. Ainsi, tournons-nous vers le Christ ! Rendons-nous dans notre temple intérieur pour prier – car chacun de nous est le temple de Dieu. Si nous respectons les commandements de Dieu et les enseignements de Jésus dans notre vie quotidienne, nous n'aurons plus à nous incarner. En effet, nous ne nous réincarnons que si nos péchés nous attirent une nouvelle fois sur Terre.

Beaucoup de personnes disent que la réincarnation n'est pas un enseignement chrétien. Mais qu'est-ce qui est chrétien au juste ? N'est-ce pas faire ce que Jésus nous a enseigné ? Par contre, *ne pas accomplir* Son enseignement – par exemple Son sermon sur la montagne ou les Dix Commandements de Dieu donnés à travers Moïse – *cela n'est pas chrétien* ; ce comportement est pécheur et en agissant ainsi nous créons des charges. Où se rendent ces charges ? Elles s'enregistrent dans notre âme et tissent en conséquence les habits de notre conscience.

On peut comparer les particules du corps spirituel pur à des perles qui rayonnent. Par des pensées et des actes négatifs, l'être humain assombrit ces perles spirituelles dans son âme ; il abaisse leur vibration.

Progressivement, au moment de la mort, l'âme se retire du corps physique et emporte dans l'au-delà les habits sombres, chargés, qui recouvrent sa conscience. Il s'agit des forces spirituelles de la conscience qui ont été dégradées ; l'âme est alors entourée, enveloppée, de ce fluide. Au moment de la réincarnation, ce que notre âme irradie dans le corps n'est alors pas la lumière pure mais le contenu de ses enveloppes chargées, on pourrait parler de « substances toxiques » provenant de nos incarnations antérieures. Ces substances toxiques, les « perles » chargées, agissent en conséquence sur notre corps, nous marquent et par la suite elles influencent une nouvelle fois notre monde de pensées et tout notre comportement ici-bas.

Si nous vivons en respectant les commande-ments de Dieu et les enseignements de Jésus, du Christ, nous n'aurons plus à nous réincarner : les « perles » dégradées seront redevenues pures, car nous aurons cheminé vers la maison de notre Père. Dieu n'a pas créé la réincarnation, c'est nous-mêmes qui l'avons créée en « salissant » notre âme. Nous avons chargé nos particules célestes de nos aspects pécheurs. Nous nous sommes plongés dans le monde des ombres de notre moi humain au lieu de nous diriger vers la lumière.

Nous le répétons : Il n'est pas dans la volonté de Dieu qu'une âme s'incarne de nombreuses fois. Au contraire, Sa volonté est que l'être humain purifie suffisamment son âme et son corps au cours de cette vie terrestre, donc ici et maintenant, pour que d'autres incarnations ne soient plus nécessaires.

Gardons à l'esprit que ce n'est pas Dieu qui a créé la roue de la réincarnation, mais bien nous, les êtres humains ! Dieu n'a d'autre souhait que de nous avoir à nouveau auprès de Lui, nous Ses enfants.

La responsabilité des parents

La loi éternelle nous enseigne qu'au moment de la conception d'un enfant, une âme se trouvant dans l'au-delà se rapproche peu à peu de l'embryon. Nous savons aussi que tout est énergie et que ce qui se rassemble s'assemble. Ainsi, les futurs parents attirent une âme qui correspond à leur vibration. Dans la plupart des cas, cela signifie que l'enfant et les parents ont quelque chose à mettre en ordre ensemble. Les parents ont donc une grande responsabilité envers leurs enfants. Il est essentiel qu'ils sachent qu'ils attireront ou ont attiré un enfant qui correspond à leurs gènes. L'âme de l'enfant qui va s'incarner porte dans sa structure particulaire des aspects semblables à ceux qui se trouvent dans les gènes des parents. C'est justement à cause de cette similitude qu'elle s'incarne précisément parmi ces personnes qui vont devenir maintenant ses parents.

Il se peut, par exemple, qu'au cours d'une incarnation antérieure, l'enfant ait été la mère ou le père de ceux qui sont maintenant ses parents et qu'ensemble ils aient créé des causes qui les lient encore karmiquement les uns aux autres. Ils ont maintenant la possibilité de dissoudre ensemble ces liens – aujourd'hui, dans cette vie. Lorsque le père, la mère et l'enfant y parviennent, il est alors possible à l'enfant de suivre ensuite son propre chemin. Nous nous incarnons donc dans une famille bien précise pour mettre en ordre certaines choses, nous libérer de ces charges, purifier notre âme selon l'enseignement de la Vie, afin qu'ensuite chacun puisse le plus tôt possible poursuivre librement son propre chemin vers la maison du Père. En réalité, du point de vue de notre patrie éternelle, les parents et les enfants ne sont ni plus ni moins que des frères et des sœurs, des êtres divins issus de l'unité de la création pure.

Si les parents en avaient connaissance, cela changerait complètement leur relation avec leurs enfants et leur permettrait certainement de les élever de façon tout à fait différente. Ils auraient en effet conscience d'avoir été conduits les uns vers les autres par des aspects semblables, pour résoudre ensemble différentes choses. Sur cette base pourrait naître un concept éducatif apportant une forme de soulagement, d'apaisement, aussi bien aux parents qu'aux enfants, car ils pourraient ainsi se défaire de ce qui s'est passé au cours d'incarnations antérieures. Leur âme deviendrait plus lumineuse, ils se sentiraient intérieurement plus libres et il leur serait alors plus facile de se décider à accomplir le prochain pas sur le chemin menant à l'éternité.

La réincarnation n'est pas basée sur la contrainte mais à nouveau sur le libre arbitre de l'âme ! Plus une âme est chargée de fautes, plus elle aspire à se réincarner, à retourner dans un corps humain. Plus une âme met à profit son incarnation pour devenir lumineuse, moins elle souhaite se réincarner après la mort. Au contraire, elle met tout en œuvre pour retourner le plus rapidement possible dans l'éternité, à Dieu.

Nos rencontres
ne sont pas dues au hasard

Ces explications sur les relations entre parents et enfants sont également valables pour toutes les autres rencontres que nous faisons sur Terre. C'est sans aucun doute un aspect essentiel de l'enseignement de la réincarnation : nos rencontres ne sont pas dues au hasard, que cela soit dans la famille, sur notre lieu de travail, là où nous habitons, dans le club de sport que nous fréquentons ou partout ailleurs. Si nous nous disputons avec notre voisin, si nous nous entendons mieux avec certains collègues qu'avec d'autres, rien de cela n'est le fruit du hasard. Il est probable que nous nous rencontrions à nouveau maintenant afin de saisir cette occasion pour régler certaines choses datant d'incarnations passées. Comment y parvenir ? En prenant au sérieux notre prochain, par exemple en écoutant vraiment ce qu'il veut nous dire et avant tout en nous pardonnant mutuellement.

Le seul fait de prendre en considération que l'antipathie particulière que j'éprouve envers quelqu'un n'est pas forcément due à un comportement « désagréable » qu'il aurait actuellement, mais qu'elle était déjà présente en moi à cause d'antipathies plus anciennes, me donne d'emblée la possibilité de faire plus facilement la paix avec mon prochain et de mieux m'entendre avec lui. Plus je cherche sérieusement et sincèrement ma part de responsabilité dans les situations qui m'arrivent, plus je me rends compte qu'en fait, j'ai déjà moi-même tracé le cours de nombreux événements de ma vie lors d'incarnations précédentes. Il ne s'agit pas forcément d'une situation tout à fait identique, mais de comportements négatifs similaires avec lesquels j'ai causé du tort à mon prochain.

Ceci est également valable au niveau de populations ou de peuples entiers qui se combattent. Certains grands conflits historiques – comme celui qui, par exemple, oppose régulièrement l'islam et le christianisme – sont peut-être dus à des luttes ancestrales et à des personnes qui déjà par le passé ont participé à ces conflits et se retrouvent aujourd'hui à nouveau face à face.

La connaissance de la réincarnation nous aide également à ne pas rejeter trop facilement la faute sur les autres et à leur reprocher d'être mauvais et méchants. Elle nous permet de penser qu'il existe peut-être des causes remontant à bien plus loin que notre vie actuelle.

L'homme moderne sait qu'aucune énergie ne se perd, ce qui pourrait l'aider à comprendre le principe de la réincarnation. En effet, pourquoi les énergies, que sont les pensées et les sensations, ne seraient-elles pas soumises à cette loi de la physique ? Nos sentiments, pensées, paroles et actes s'évanouiraient-ils tout simplement dans le néant ? Ce n'est pas ce que prévoit la loi de Dieu.

Dieu n'est pas responsable !

Si nous prenons en compte qu'une grande partie de ce qui nous arrive a son origine dans des incarnations antérieures, nous verrons Dieu sous une toute autre lumière. Nous ne L'accuserons plus aussi facilement des « injustices » dont nous sommes l'objet, en Lui reprochant que cela nous arrive justement à nous. Nous nous demanderons plutôt si les difficultés et problèmes rencontrés ne sont pas en relation avec des énergies négatives que nous avons émises par le passé et qui reviennent maintenant vers nous.

Si nous avons compris ces liens de causalité, nous n'accuserons plus Dieu. La conception d'un Dieu arbitraire et vengeur, véhiculée par le message des églises institutionnelles et conduisant de nombreux prêtres à faire de Dieu l'auteur des grands malheurs qui surviennent, disparaît dès lors que nous prenons conscience que nous avons la possibilité de revenir plusieurs fois sur Terre afin d'apprendre et que nous avons nous-mêmes forgé le coup du sort qui nous arrive.

Cela ne signifie pas pour autant que nous puissions interpréter les problèmes et coups du sort qui frappent nos prochains, voire même les montrer du doigt avec arrogance, car « après tout ils ont eux-mêmes causé ce qui leur arrive ». Ce comportement ne ferait qu'accroître davantage nos charges. En outre, personne ne sait ce qui l'attend encore lui-même.

Le Dieu vengeur est le Dieu des églises mais pas le Dieu de l'univers, le Dieu d'amour. Si nous voyons Dieu comme un Dieu vengeur, l'église peut alors exercer un pouvoir sur nous. Par contre, si nous nous tournons vers le Dieu d'amour, nous nous tournons alors vers notre Père, tel que l'exprime la prière de tous les chrétiens, le « Notre Père ». Nous ne remettrons alors plus notre vie entre les mains d'un quelconque être humain ou d'une institution ecclésiastique, mais nous nous tournerons vers Dieu en nous, vers un Père qui nous aime, ainsi que vers le Rédempteur, le Christ, qui nous aide à trouver le chemin qui ramène à la maison du Père éternel.

Savoir que ce que nous traversons actuellement vient d'incarnations antérieures a encore d'autres bons côtés. Nous pouvons en effet comprendre que ces situations nous offrent la chance de purifier notre âme et de retourner ensuite – après cette existence terrestre – à la maison du Père, dans le royaume de lumière dont notre âme est originaire. Il nous est alors beaucoup plus facile d'accepter ce qui nous arrive.

Accepter son destin, autrement dit, ne pas rendre les autres responsables de ce qui nous arrive, ne veut pas dire pour autant se résigner et baisser les bras ! Notre destin n'est jamais définitivement scellé. La vie ne connaît pas d'arrêt. Dieu souhaite que nous suivions Ses commandements, Ses lois, afin que nous allions bien. Dès que nous nous tournons vers Lui et nous efforçons de vivre toujours plus selon Ses commandements, notre destin peut prendre un tout autre cours – dans la mesure où cela est bon pour notre âme.

Bien sûr, parfois nous luttons intérieurement, nous nous rebellons contre notre destin. Nous sommes des êtres humains, autrement dit imparfaits. Même lorsque nous savons que nous avons nous-mêmes causé ce qui nous arrive, notre première réaction est de nous rebeller. Cependant, la connaissance des interactions spirituelles nous fait comprendre qu'avec l'aide du Christ nous pouvons mettre en ordre les causes de notre souffrance et libérer ainsi notre âme afin de retourner dans la lumière en tant qu'être parfait, lumineux, joyeux et en bonne santé.

Les effets décrits ci-après peuvent également nous motiver à donner un tournant spirituel à notre vie : tout à coup, nous serons en mesure de voir plus en profondeur, nous saisirons le contenu réel des paroles de notre prochain et pourrons ainsi l'aider. La perception de nos sens s'affine, elle devient de plus en plus lumineuse et libre, que ce soit au niveau de l'odorat, du goût, du toucher ou des autres sens. Le monde de nos sentiments s'ouvre et nous ressentons toujours davantage qu'il y a en nous un être lumineux appelé âme, qui respire, qui respire toujours plus profondément, librement, et qui donne à l'être humain, l'enveloppe de l'âme, des impulsions, comme par exemple : « Rappelle-toi chaque jour ce qui suit : mets en ordre tes aspects trop humains, les aspects pécheurs que la journée te montre et prends la main du Christ de Dieu pour retourner à la maison du Père. Avance pas à pas avec Lui en accomplissant ce que Dieu veut et non ce que d'autres veulent, comme par exemple l'église ! »

C'est cela la liberté, la vie à laquelle nous devrions aspirer ! Mais qu'est-ce que la vie en réalité ? La vie a-t-elle une naissance ? A-t-elle une mort ? La vie, c'est Dieu ! Dieu est éternel et nous, la vie en Dieu, nous sommes également éternels.

La vie, c'est Dieu. Personne ne peut nous la prendre, car le Christ de Dieu est le chemin, la vérité et la vie. Si le Christ, dans le Tout-Puissant, est la vie, qui pourrait nous la prendre ?

*Ce qui m'irrite chez mon prochain
se trouve la plupart du temps,
également en moi*

Nous savons que toute réaction est précédée d'une action. La loi de cause à effet, qu'on appelle également la loi des semailles et des récoltes, est basée sur cette réalité. Il se peut, par exemple, que nous nous énervions contre une personne que nous ne connaissons même pas. Nous croisons un passant dans la rue, nous le regardons et il nous énerve. Pour quelle raison ? Il est possible que nous croisions dix personnes en les regardant dans les yeux sans qu'aucune réaction ne se déclenche en nous. Mais soudain, la onzième nous énerve, bien que nous ne la connaissions pas. Nous dévalorisons cette personne en pensée ou bien, par exemple, un sentiment de jalousie monte en nous. Que nous enseigne la loi de la réincarnation ? Toute réaction est précédée d'une action. Puisque nous sommes en présence d'une réaction, il y a forcément eu une action à un moment donné.

Cette personne a mis en mouvement quelque chose qui est *en* nous. Il peut s'agir de préjugés ou d'autres pensées négatives que d'autres passants n'ont pas fait vibrer en nous. Pourquoi nous énervons-nous précisément sur ce onzième passant ? C'est « l'énergie du jour » qui s'adresse ainsi à nous : « Tu devrais mettre en ordre intérieurement les pensées négatives que tu as eues envers cette personne. »

Cela ne veut pas dire pour autant que nous devrions aller vers elle pour lui en faire part.

Nous devrions plutôt accepter intérieurement que l'énergie du jour nous a montré différentes choses et regarder de plus près ce qui nous a tellement énervé, afin de reconnaître que nous faisons partie de cet énervement. Nous nous sommes peut-être comportés par le passé de manière identique ou semblable, que ce soit en pensées, en paroles ou en actes, pas forcément envers elle mais envers d'autres.

Pourquoi est-il si important de ne pas faire part à notre prochain de nos pensées négatives à son égard ? La plupart du temps, il ne ressent pas ce que nous pensons, il l'ignore. Si nous lui en parlions, nos paroles déclencheraient alors en lui toute une chaîne de pensées qui ne seraient bonnes ni pour lui ni pour nous. Confions-nous plutôt au Christ qui agit autant en nous-mêmes que dans notre prochain !

Nous avons la possibilité de mettre en ordre ces pensées négatives en nous en repentant, en demandant pardon au plus profond de nous-mêmes et en nous efforçant de ne plus cultiver de telles pensées. Si de tels aspects se représentent malgré tout, il nous faudra de nouveau y réfléchir. Toutefois, si nous nous en défaisons progressivement, notre âme s'illumine peu à peu et nous sortons de ce qu'on appele la roue de la réincarnation afin de poursuivre notre chemin de retour dans des domaines plus lumineux de substance plus fine.

Cet enseignement n'est-il pas merveilleux ? Ces connaissances offertes par le Dieu Père-Mère à Ses enfants, par amour pour eux, conduisent à la délivrance. A quoi ressemblerait le monde d'aujourd'hui si l'humanité avait eu connaissance de cet enseignement et l'avait mis en pratique au quotidien ? Les hommes auraient de hautes valeurs morales, des valeurs spirituelles. Ils auraient une conscience et un esprit plus clairs. Ce n'est malheureusement pas le cas. Au lieu de devenir pacifique, l'être humain est devenu brutal et belliqueux, se préoccupant uniquement de ses propres intérêts. Rares sont ceux qui sont ouverts à leur prochain.

Nous subissons aujourd'hui sur Terre la récolte de ce que nous avons semé. L'être divin au plus profond de nous vient en réalité de l'existence éternelle et de la famille spirituelle de la grande unité éternelle. Cependant, nous, les êtres humains, nous n'avons pas accepté cette fraternité. Tout le monde est contre tout le monde et chacun cherche à profiter de son prochain.

Peut-être dirons-nous : « Moi je ne suis pas contre mon prochain », nous devrions cependant nous interroger sur la véritable teneur de nos pensées. Ne sont-elles pas quand même en partie dirigées contre lui ? N'oublions pas que les pensées sont des énergies et qu'elles ne sont pas sans conséquence, contrairement à ce que pensent beaucoup de gens. Les pensées sont des forces qui se gravent dans notre âme. Et cette gravure va décider de l'action de la loi de cause à effet. Nous devenons ce que nous gravons dans notre âme et celle-ci ramène ces aspects dans chaque nouvelle incarnation jusqu'à ce que nous ayons mis en ordre cette gravure trop humaine, ces aspects pécheurs. Si nous le faisons, l'être spirituel peut progressivement émerger et nous pouvons faire les prochains pas qui nous rapprochent du royaume éternel de Dieu.

Pourquoi Dieu n'intervient-Il pas ?

De nombreuses personnes se demandent pourquoi Dieu n'intervient pas. Dieu nous a donné le libre arbitre ! Comment, dans ce cas, pourrait-Il intervenir et s'opposer à notre volonté trop humaine, à notre entêtement, à notre méchanceté et aux infractions que nous commettons contre Ses lois ? C'est *notre* volonté qu'il en soit ainsi, c'est pourquoi Il n'intervient pas. Cependant, Dieu est miséricordieux et par la mise en ordre de nos aspects trop humains, Il nous donne la possibilité de nous rapprocher de la loi éternelle de l'amour, de l'unité et de la liberté.

Si nous regardons l'ensemble des grands événements cosmiques, nous constatons que d'une certaine manière Dieu est bien intervenu – pas dans la loi de cause à effet, mais Il nous a envoyé Son Fils qui nous a apporté la rédemption. Qu'est-ce que la rédemption ? C'est la lumière qui est dans l'âme pour la protéger afin qu'elle ne tombe pas toujours plus bas jusqu'à se dissoudre, tel que certaines religions orientales l'enseignent.

Par Son acte de rédemption, Jésus, le Christ, a apporté à chaque âme une protection qui lui garantit de pouvoir suivre le chemin qui ramène à la maison du Père. Grâce à cette protection du Christ de Dieu, à Sa lumière dans notre âme, plus aucune âme ne peut être dissoute. Un jour ou l'autre, lorsque nous nous décidons à nous mettre en route, Il nous reconduit à la maison du Père.

Puisque le Christ a apporté la rédemption, comment la damnation éternelle pourrait-elle exister ? Cet exemple fait partie des nombreuses contradictions véhiculées par les théologiens. Selon eux, par Son acte de rédemption, le Christ aurait racheté tous nos péchés. Pourtant, si toutes les âmes avaient été libérées en un instant lorsque Jésus, le Christ, a exprimé le « Tout est accompli », nous ne devrions alors plus avoir de péchés. Dans ce cas, pourquoi tant de mal, de conflits, de guerres, d'assassinats et bien d'autres choses, sévissent-ils encore dans ce monde ? Pourquoi tant de personnes sont-elles contre leur prochain ? Ne s'agit-il pas là de péchés ?! Nous voyons donc bien que Jésus, le Christ, n'a pas tout simplement effacé tous les péchés du monde, comme les institutions ecclésiastiques le prétendent. Tel que nous l'avons évoqué auparavant, Il a offert à chaque âme un soutien énergétique, la protection nécessaire pour empêcher sa dissolution. Le Christ est présent en chaque âme en tant que lumière, force et aide pour lui permettre de se purifier et de retourner enfin dans la patrie éternelle en tant qu'être spirituel pur. L'enseignement de l'église est donc totalement absurde.

Celui qui reconnaît l'existence de la réincarnation accepte également la loi de la nature et la loi des semailles et des récoltes. Il sait également – nous n'en prendrons jamais suffisamment conscience – que la grâce offerte par Dieu à l'âme est la possibilité qu'elle a de revenir plusieurs fois sur Terre pour mettre en ordre ce dont elle s'est chargée au cours d'incarnations antérieures. Pour y parvenir, elle a reçu les commandements de Dieu et l'enseignement de Jésus, du Christ, qui lui permettent de se libérer afin d'être à nouveau reliée avec le donner et recevoir, le mouvement de la vie que les êtres spirituels purs portent en eux.

Pourquoi l'église nie-t-elle cette réalité ? C'est en fait logique. En effet, si les institutions ecclésiastiques acceptaient la pensée de la réincarnation, tout leur édifice dogmatique, un véritable château de cartes, s'écroulerait instantanément, car la réincarnation est une grâce de Dieu. La réincarnation exclut aussi bien la « damnation éternelle » qu'un Dieu qui punit. Elle donne à l'âme la chance de se libérer de ses charges.

Peut-être est-ce justement ce que les églises ne veulent pas ? Elles ne veulent en effet peut-être pas de cette possibilité que Dieu offre aux hommes pour devenir libres ? En tout cas, elles veulent garder la mainmise sur les âmes. Mais elles ne peuvent exercer ce pouvoir que sur des personnes qui n'osent pas penser par elles-mêmes. Les dogmes et les préceptes de l'église enferment l'âme – dans laquelle vit l'étincelle de Dieu – dans un carcan empêchant l'enfant de Dieu de se tourner directement vers son Père. Ce sont précisément ces barrières dogmatiques qui ont permis à l'église de faire disparaître l'enseignement de la réincarnation qui faisait partie du premier christianisme.

*Dieu offre la liberté –
l'église inculque la contrainte*

On peut compter parmi le « savoir fondamental » de l'humanité le fait que Dieu soit miséricordieux, qu'Il respecte notre liberté mais également qu'Il ne cesse de nous rappeler que nous pouvons toujours nous tourner vers Lui. Cependant, cette pensée fondamentale de la liberté a été niée par les dogmes des églises qui l'ont remplacée par un système de la peur. L'homme, effrayé par un Dieu qui soi-disant punit, se tourne alors vers l'église et non vers Jésus, le Christ, qui a dit : « *Venez à Moi, vous tous qui êtes fatigués et chargés, et Je vous soulagerai.* » (Mt 11,28) Il va sans dire que l'église, au bout du compte, ne soulage personne. Seul Jésus, le Christ, soulage l'âme et l'homme grâce à la force de la Vie.

S'il était dans la volonté de Dieu de nous lier aux préceptes, dogmes, rites et traditions des églises, Il pourrait alors annuler les Dix Commandements et les enseignements de Jésus, du Christ, car les préceptes suffiraient ! Cependant, les commandements divins et les enseignements de Jésus, du Christ, non seulement ne plaident pas en faveur de ces préceptes, des traditions et de toute la doctrine des églises institutionnelles mais ils s'y opposent totalement. L'église tient un langage de contrainte et parle de damnation éternelle. Dieu, Lui, a donné les Commandements qui sont des propositions. Il nous laisse la liberté de décision. Les enseignements de Jésus, le Christ, sont également une main tendue, une aide toujours présente que nous pouvons accepter à tout moment et en toute liberté.

A l'inverse, les dogmes des églises sont des contraintes. Or, le Dieu de la liberté ne connaît pas la contrainte. Le Sermon sur la Montagne de Jésus ne contient pas non plus l'ombre de la moindre contrainte et encore moins d'une quelconque menace.

En fin de compte, les églises excluent les Dix Commandements. Rien que par le caractère contraignant de leurs dogmes, elles se détournent déjà des Commandements de Dieu, de la main qu'Il nous tend à travers eux, en toute liberté.

Pendant des siècles, les autorités ecclésiastiques ont dénaturé le véritable enseignement de Jésus de Nazareth qu'elles ont brouillé et rendu obscur. Elles en ont dissimulé aux hommes la portée et la profondeur. Pour cette raison, Dieu est intervenu une nouvelle fois et Il a envoyé à notre époque un grand prophète instructeur parmi les hommes. A travers Gabriele, la messagère et prophétesse de Dieu, le christianisme des origines a été relancé. A travers elle, un puissant courant, le christianisme des origines, la vie véritable en paroles mais également en actes, s'écoule dans le monde entier.

Où l'âme se rend-t-elle ?

Les êtres humains sont des êtres spirituels incarnés. Nous portons en nous une âme et au plus profond de cette âme, l'être divin qui vient de Dieu. Où se rend l'âme à la mort du corps physique ?

C'est là une question essentielle à laquelle la plupart des gens n'ont aucune réponse claire. Il suffit de lire les avis de décès dans les journaux pour constater à quel point l'humanité patauge face à cette question : Que se passe-t-il après la vie sur Terre ?

Certains pensent que l'on se rend directement auprès de Dieu. D'autres croit que la mort est suivie d'un repos éternel et que l'existence de la personne décédée se poursuit sans aucune souffrance. D'autres encore se disent que la vie des hommes ne se poursuit que dans les actes qu'ils ont accomplis ici-bas ou dans le souvenir de leurs descendants. En fait, on ne sait tout simplement pas.

Grâce à la prophétie divine donnée à travers Gabriele, nous savons ce qui se passe vraiment après la vie sur Terre. Nous ne faisons que passer d'un état à un autre. Notre âme continue à vivre. Elle continue à vivre tel qu'elle a vécu sur Terre – avec toutes ses caractéristiques positives et négatives. En effet, elle les emporte dans l'au-delà et se retrouve confrontée à la question de savoir ce qu'elle veut en faire. Souhaite-t-elle continuer à se développer dans les mondes de l'au-delà ou bien veut-elle prendre sur elle de s'incarner à nouveau dans le but de se purifier plus rapidement ?

Le monde de l'au-delà, dans lequel les âmes peuvent séjourner, est composé de systèmes solaires partiellement densifiés, c'est-à-dire de mondes partiellement matériels, de matière plus subtile. Les âmes habitent dans ces mondes de matière plus subtile, bien au-delà de notre cosmos matériel. A la mort du corps physique, l'âme se rend dans l'un des plans de purification, dans l'un des systèmes solaires de matière plus subtile. En fonction du contenu des enveloppes actuellement actives dans l'âme, autrement dit de ses « habits » actifs, elle est automatiquement attirée, comme par un aimant, vers les planètes où ses attitudes erronées, ses comportements négatifs, sont enregistrés et actifs.

Comment se sont formés ces plans de purification, ces mondes de matière plus subtile ? Pourquoi la densification a-t-elle eu lieu ? Comment la matière grossière s'est-elle formée ?

Dieu est amour et lorsque la chute débuta, Il donna aux « êtres déchus » des parties d'astres spirituels qui s'enveloppèrent alors des énergies dégradées de la chute. A la suite de leur détachement de l'existence éternelle, elles devinrent les mondes de la chute. A cette époque, la densification de la matière n'avait pas encore eu lieu. Dans ces mondes de la chute, vivaient les êtres qui s'étaient détournés de Dieu. A plusieurs reprises, des messagers de lumière se rendirent auprès des êtres déchus dans le but de les ramener à Dieu. Beaucoup d'entre eux ne retournèrent pas à Lui parce qu'ils persistaient à vouloir être à l'égal de Dieu. De ce fait, ils se densifièrent de plus en plus. Cet éloignement croissant de leur héritage divin mena très progressivement à une densification plus forte des astres. Il en résulta des planètes et des systèmes solaires de matière grossière allant jusqu'au niveau de densification de la matière de la Terre, qui est le domaine d'habitation des hommes, la base des âmes chargées.

L'être humain n'est donc rien d'autre que l'habit de l'âme, un habit constitué de plusieurs couches, une densification dont le rayonnement correspond aux enveloppes chargées de l'âme. C'est la raison pour laquelle chacun possède un caractère très différent. Comparées à l'éthique suprême de l'existence cosmique éternelle, les valeurs morales de l'être humain sont d'un niveau extrêmement bas.

Après la mort du corps, l'âme se rend donc dans les domaines de l'au-delà. Si, compte tenu de ses lourdes charges, elle se rend dans des plans de purification inférieurs, elle se trouve encore dans la roue de la réincarnation. Si par contre, l'âme est devenue plus lumineuse, elle l'a alors dépassée et s'élève vers des plans supérieurs, les « plans de préparation », où elle pourra avancer peu à peu vers la maison du Père éternel.

Tout le monde sait qu'aucune énergie ne se perd. En conséquence, ni l'énergie de nos pensées positives ni celle de nos pensées négatives ne se perdent, pas plus que celle de nos paroles, de nos actions, de tout notre comportement. Puisque toute énergie, positive ou négative, a un effet, ces énergies marquent notre âme. Cette gravure énergétique reste dans notre âme également après la mort du corps physique. L'âme est enveloppée de toutes ces empreintes. Nous nommons ces enveloppes, les « habits » de l'âme.

Dans les plans de purification, où se rend l'âme de l'homme trépassé, c'est l'habit de l'ordre, le premier habit de l'âme, qui est activé en premier. Le manque d'ordre en nous rayonne et veut être réglé. L'âme est régulièrement rendue attentive à cet « habit », à cette charge. Elle se meut dans cet habit jusqu'à ce qu'elle prenne conscience qu'elle peut s'en libérer.

Des êtres divins, des frères et des sœurs spirituels purs instruisent l'âme et l'aident à se libérer de ses différents habits, de ses différentes gravures, ses aspects pécheurs, par trop humains. Plus l'âme s'efforce de se libérer de ses habits dans les plans de purification, plus elle s'allège et devient rapidement lumineuse.

Elle décide alors de poursuivre son processus de purification dans les plans de purification ou bien de s'incarner une nouvelle fois pour se libérer plus vite de certains restes d'aspects pécheurs qui pourraient éventuellement être mis en ordre plus rapidement sur la Terre. Il est également possible qu'elle ne veuille ni accepter ni croire ce qui lui est montré et expliqué dans les plans de purification et qu'elle souhaite retourner sur Terre, là où elle se sent attirée. Elle le pourra lorsque sera conçu un corps humain correspondant à ses enregistrements, aux gravures actuellement actives en elle.

L'âme porte différents habits, différentes charges, mais ce qui l'attire à nouveau vers la Terre, c'est ce qui est actuellement actif en elle. Pour cette prochaine incarnation, une « matrice » est déjà préparée dans l'univers. Cette dernière est composée des différents aspects enregistrés par l'homme et montre à quoi ressembleront l'âme ainsi que son parcours dans sa nouvelle existence terrestre.

Autrement dit, au cours de notre vie actuelle, nous dessinons déjà, pour ainsi dire, le corps et le chemin que nous prendrons lors de nos éventuelles incarnations futures. Il en est tout particulièrement ainsi lorsque dans le temporel l'homme ne purifie pas son âme mais au contraire agit constamment contre la loi de l'amour, de la liberté, de l'unité et de la fraternité. Dans ce cas, cette matrice se constitue : dans l'univers matériel, sur un plan énergétique, un corps se forme pour une prochaine incarnation.

Comment sortir
de la roue de la réincarnation ?

Comment sortir de ce cercle que forment la mort, la naissance, le séjour dans le royaume des âmes, puis à nouveau la naissance, la mort ? Ce cercle n'a-t-il pas de fin ?

Si ! Notre Père éternel ne nous a-t-Il pas donné les Commandements à travers Moïse ? Nous pouvons y mesurer nos pensées et tout notre comportement : sont-ils en accord avec les Commandements ?

Puis Jésus de Nazareth, le Christ, est venu sur Terre et nous a offert la force de la rédemption. A travers Sa vie et Son enseignement, Il nous a appris que notre Père nous aime, afin que nous développions l'amour qui est notre nature véritable. Il nous a enseigné le Sermon sur la Montagne. Il nous a donné des indications concrètes pour notre vie sur Terre.

L'enseignement de Jésus, du Christ, nous donne une ligne de conduite idéale pour nos pensées et notre vie quotidienne. Les Dix Commandements et l'enseignement de Jésus, le Christ, nous transmettent des recommandations précieuses. Si nous suivons pas à pas ces indications, notre âme se purifie.

Dans un premier temps, c'est la voix de notre conscience qui se manifeste et nous nous disons par exemple : « J'agis constamment contre ce que m'a enseigné le Père éternel, contre Ses commandements, mais aussi contre les enseignements donnés par Jésus, le Christ. Je charge ainsi mon âme qui me dit : "Libère-moi !" »

Si, de tout notre cœur, nous souhaitons vraiment devenir libres et saisir la main de Jésus, du Christ, pour retourner à la maison du Père, nous parvenons de plus en plus au repentir. Nous demandons alors pardon à notre prochain à qui nous avons fait du tort. Si nous avons eu des pensées négatives, des pensées de haine et d'hostilité, nous lui demandons pardon de la même manière – c'est-à-dire en pensées.

Si nous avons fait quelque chose qui va contre la vie des animaux et des plantes, contre la nature en général, nous avons le devoir de demander pardon au Créateur, car ce sont Ses créatures. Il nous pardonnera. Si nous ne reproduisons plus de tels comportements, notre âme se purifie alors et nous parvenons progressivement à accomplir certains aspects des lois de la Vie, par exemple des Dix Commandements.

Nous pourrions prendre comme orientation ce principe de base simple mais efficace : ce que nous ne souhaitons pas subir nous-mêmes, nous ne devrions pas l'infliger aux autres, c'est-à-dire ni à notre prochain ni aux animaux, ni aux règnes de la nature. Si nous nous comportons selon ce principe, notre âme se libère progressivement de ses charges. La matrice que nous avons peut-être déjà créée dans le cosmos se dissout progressivement et nous nous rapprochons de notre but, de notre patrie véritable dans la lumière.

Encore une fois, nous voyons ici qu'il est insensé de parler « d'automatisme karmique », car, en effet, chacun de nous détermine finalement lui-même combien de fois il devra encore s'incarner ici-bas. Personne n'est contraint de se soumettre à une « machinerie d'expiation ». Chacun peut mettre en pratique ce que Jésus de Nazareth a enseigné et qui est renouvelé aujourd'hui à travers la parole prophétique à notre époque.

A travers Gabriele, la parole prophétique de Dieu apporte de la lumière sur ce thème essentiel de la réincarnation. Dans le livre « Worte des Lebens für die Gesundheit von Seele und Körper » (trad. du titre : « Paroles de Vie pour la santé de l'âme et du corps »), basé sur une révélation du Christ donnée en 1986, nous pouvons lire ce qui suit : « *Une âme peut se réincarner et retourner dans l'habit humain aussi souvent que cela est nécessaire pour que, grâce à la prise de conscience de ses fautes, leur mise en ordre, la mise en pratique des lois divines et l'acceptation de Mon acte de rédemption, elle suive le chemin spirituel de la purification de son moi bas et fasse ainsi grandir la lumière rédemptrice qui agit en elle. Toute âme, incarnée ou non, devra un jour ou l'autre se purifier pour redevenir consciemment à l'image du Père éternel – que ce soit au cours de cette vie ou d'une vie future, ou encore en tant qu'âme dans les plans de purification.* » (extrait traduit de l'allemand)

Autrement dit, dès que l'âme devient plus lumineuse et n'aspire plus à se réincarner, à retourner sur Terre, elle peut également se purifier progressivement dans les plans de purification qui sont à la disposition des âmes dans l'au-delà et ainsi retourner pas à pas à la maison du Père, à son existence primordiale et éternelle, dans sa patrie d'origine qui est éternelle.

On reconnaît là aussi la main tendue par le Seigneur : « Tu n'es pas obligé de retourner à l'incarnation, à moins que tu te sentes attiré vers la Terre. » Si l'âme est obnubilée par le désir de retourner sur Terre, elle se réincarnera. Par contre, si elle a déjà traversé un certain processus de purification, donc si elle est plus lumineuse, elle ne ressentira plus cette attraction. Elle se dira alors qu'elle peut également continuer à se purifier dans les plans de purification. Il est toutefois à noter que ce processus y est plus difficile et plus long que sur la Terre, tout particulièrement lorsque l'âme est très chargée. Ainsi, beaucoup d'âmes cherchent à se réincarner. En effet, dans l'au-delà, une âme doit subir et endurer les souffrances qu'elle a causées à ses prochains sur la Terre. Sous forme d'images, elle ressent la manière dont elle a, par exemple, traité son prochain, comment elle l'a détourné de son propre chemin, comment elle l'a manipulé, influencé et contraint à certaines choses. Peut-être même l'a-t-elle incité au meurtre. C'est pourquoi Jésus, le Christ, nous enseigne de faire la paix.

Lorsque de telles charges sont actives en elle, l'âme est à nouveau attirée vers la Terre. Mais si au cours de son incarnation, sa vie est en majeure partie ancrée dans le Christ, elle chemine, sur Terre, vers la maison du Père. Elle ne ressent plus les souffrances qu'elle devait endurer en tant qu'âme. Grâce à l'énergie du jour, elle a reconnu ce qu'elle avait à mettre en ordre et elle l'a fait à temps, avant que la souffrance, voire la maladie s'abatte sur l'être humain. De cette manière, l'âme se purifie et se tourne vers le ciel, vers sa patrie véritable, son origine.

Reconnaissons ici, une nouvelle fois, la grâce du Seigneur : A travers l'énergie du jour, nous recevons des impulsions, parfois pendant des mois ou des années, avant que la souffrance ou la maladie se manifeste. Nous recevons l'impulsion de nous repentir d'aspects négatifs et de les mettre en ordre pour qu'ils soient dissous à temps dans notre âme et que nous évitions ainsi un coup du sort ; nous les mettons donc en ordre avant qu'ils se manifestent à l'extérieur. N'est-ce pas là une grande grâce ?

Il s'agit là d'un enseignement rempli d'espoir, optimiste et réconfortant. Comme nous l'avons vu auparavant, Origène l'enseignait déjà au 3ème siècle. Au 6ème siècle, lors du concile de Constantinople, il sera frappé d'anathème, c'est-à-dire condamné par l'église. Cette condamnation concerna non seulement l'enseignement d'Origène proclamant la préexistence de l'âme, mais également son affirmation optimiste qu'un jour tout finira bien, que tout retournera à Dieu. En effet, afin de pouvoir brandir la menace de l'enfer, l'église condamna également cet aspect.

C'est donc à cette époque que fut prise cette décision réellement diabolique, lourde de conséquences. Aujourd'hui, l'Esprit de Dieu se manifeste et apprend à l'humanité que l'enseignement de Jésus de Nazareth est celui de la rédemption, un enseignement qui libère de tout mal, c'est-à-dire de tout aspect par trop humain et qui conduit à une pensée et une vie dans l'Esprit de Dieu. Il nous dit que tout ce qui est retournera à Dieu, pur, « nettoyé », empli de lumière et de force, tel que Dieu l'a créé.

Qu'a apporté le Christ par Son acte de rédemption ?

Pourquoi Jésus, le Christ, est-Il mort ?

Grâce à Son acte de rédemption, le processus de dissolution de toutes les formes de vie, souhaité par les êtres déchus, a été stoppé. Il s'agit là d'un message absolument essentiel. Longtemps mis de côté, l'humanité a pu à nouveau en prendre connaissance grâce à la prophétie divine donnée à notre époque.

Le Christ n'est pas mort, tel que le présentent les églises, en agneau sacrifié pour apaiser un Dieu colérique. Il est mort en restant fidèle à Sa mission, à Son Père, parce que les hommes de Son époque n'ont pas accepté Son message. Pour empêcher que l'humanité ne déchoit encore plus, Il offrit Son amour à toutes les âmes et tous les hommes sous la forme de ce qui est appelé l'étincelle rédemptrice. Par cet acte, Il a donné à chaque âme incarnée ou non la force de retourner en toute liberté vers Dieu. Il n'a donc pas effacé comme par enchantement toutes nos fautes mais, grâce à Sa force rédemptrice, Il nous a donné la possibilité de devenir nous-mêmes actifs pour nous libérer de nos fautes en nous tournant vers Lui.

Les êtres divins qui s'étaient opposés à Dieu avaient pour but la dissolution de toutes les formes de vie créées par Dieu, c'est-à-dire de tous les êtres divins, de la nature céleste et des planètes de la patrie éternelle où vivent les êtres spirituels. Les êtres opposés à Dieu voulaient également supprimer la dualité. La dualité est l'union de deux êtres spirituels qui vivent en Dieu et dont naissent de nouveaux êtres divins qui, à leur tour, peuplent le royaume de Dieu et, dans une évolution permanente, pourvoient à sa croissance en créant et concevant au service du royaume de Dieu, de la patrie céleste. Certains êtres divins voulurent faire disparaître tout cela, cet ordre et la loi de l'univers divin. Ils voulaient que tout ce qui a été créé réintègre le courant primordial à partir duquel l'Eternel créa les formes spirituelles et divines pures qui sont la manifestation de la loi éternelle de l'amour divin. *Pourquoi* ce dessein ? Parce qu'être des enfants de Dieu ne leur suffisait pas. Ils voulaient eux-mêmes être Dieu, omniprésents et créateurs.

On pourrait donc dire que le « péché originel », c'est en fait le péché de la chute, la volonté de dissoudre toutes les formes créées, ce qui aurait eu lieu si Jésus, le Christ, n'avait pris sur Lui ce « péché originel » en disant : cela n'aura pas lieu ! Je dissous ce péché originel en utilisant une part de Mon héritage spirituel divin, c'est-à-dire en apportant à chaque âme la lumière de la patrie éternelle, en l'enveloppant et en la protégeant ainsi de la dissolution. Par cet acte, le Christ a assuré la protection de la patrie éternelle, de la maison du Père éternel et a offert à chaque âme l'assurance de pouvoir retourner à son existence d'origine divine, en cheminant vers l'intérieur.

Depuis le « Tout est accompli ! » prononcé par le Christ de Dieu sur le Mont Golgotha, l'adversaire de Dieu, le démon, a perdu la partie de son jeu ignominieux. Le Christ est devenu le Sauveur et Il l'est toujours aujourd'hui : depuis Son acte de rédemption, les êtres divins et tous les dons de la création de Dieu, c'est-à-dire les formes d'existence célestes, tous issus de Son amour, ne peuvent plus être dissous. Il a utilisé pour cela une grande part de Son héritage divin qui, depuis lors, se trouve dans notre âme en tant qu'étincelle de lumière. Cette étincelle de lumière protège l'être divin qui est en nous, notre âme.

Le Christ ne nous a donc pas tout simplement pris nos péchés. Cependant, Il nous aide à les reconnaître, à nous en repentir, à les mettre en ordre et à ne plus les répéter. Il aide chacun de nous en enseignant sans relâche à respecter les commandements de Dieu, à comprendre le sens profond de Ses enseignements contenus dans le Sermon sur la Montagne et à les mettre en pratique afin de nous libérer de nos charges, de nous purifier et de pouvoir retrouver notre origine, la patrie éternelle. Suivre le Christ en pensées, en paroles et en actes, se tourner vers Lui, l'Esprit intérieur, dans la prière et communiquer ainsi avec Lui, constitue la religion intérieure. La religion intérieure, le christianisme intérieur, signifie mettre à profit les journées dans le sens des enseignements de l'Esprit éternel, honorer Dieu en faisant Sa volonté.

La prière de l'unité, le « Notre Père », commence par ces paroles : « *Notre Père, Toi qui es aux cieux, Ton nom est sanctifié, Ton règne vient et Ta volonté s'accomplit sur la Terre comme au Ciel.* » Ces paroles absolues de Jésus, le Christ, nous disent : tu retourneras à Dieu par l'action du Père éternel, par Son Fils, par la rédemption.

Nous retournerons tous vers le Père dont nous sommes issus, car en chacun de nous se trouve un être de lumière. C'est lui qui retourne à la maison du Père, car, en effet, Dieu ne crée pas les âmes ; Il a créé l'être de lumière qui se trouve au plus profond de l'âme. Plus l'âme se purifie, plus cet être apparaît, se révèle.

Chacun de nous est le temple de Dieu. Dieu habite en nous. En accomplissant toujours plus la volonté de Dieu, c'est-à-dire en vivant selon les aspects de la loi de la Vie contenue dans Ses commandements ainsi que dans les enseignements de Jésus, le Christ, nous nous rapprochons de plus en plus de notre Père céleste ; nous cheminons à la main de notre Rédempteur avec davantage de conséquence et sortons ainsi de la roue de la réincarnation pour nous diriger vers le royaume de la lumière, vers Dieu, vers Celui qui nous a contemplés et créés depuis l'origine de l'éternité !

Quelle consolation pour tous les êtres humains de savoir qu'à l'issue de notre vie terrestre – dans la mesure où nous avons suivi les commandements et les aspects de la loi de Dieu – notre âme puisse prendre le chemin ramenant à la maison, à la patrie éternelle ! Rappelons également les paroles du Christ à ce propos : « *Dans la maison de Mon Père, il y a de nombreuses demeures. Sinon, vous aurais-Je dit que Je vais vous préparer une place ? Lorsque Je serai allé vous la préparer, Je reviendrai et Je vous prendrai avec Moi, afin que là où Je suis, vous y soyez aussi.* » (Jean 14,2)

Les demeures de notre patrie éternelle sont donc libres et nos familles spirituelles nous attendent. Nous leur manquons ; il leur tarde de retrouver la grande unité cosmique dans la maison du Père. Et la maison du Père, c'est le royaume infiniment grand de Dieu ! Cette force divine rayonne vers nous. C'est la raison pour laquelle Dieu a envoyé des prophètes à de nombreuses reprises pour enseigner aux hommes : « *Rebroussez chemin ! Tournez-vous vers Dieu. Dieu est amour. Le Père vous aime. Il aime l'enfant qu'Il a créé !* »

Si Dieu nous punissait d'une manière ou d'une autre, voire nous vouait à la damnation éternelle, ne serait-Il pas d'une indicible cruauté ?! Bien au contraire, Dieu, notre Père, nous aime. Nous sommes les seuls à pouvoir, en quelque sorte, nous « damner » nous-mêmes. De quelle façon ? En nous enfonçant dans les domaines sombres de l'existence terrestre, loin de Dieu – en raison de nos pensées, paroles et actes sombres, contraires à la loi de la vie, à notre héritage divin véritable qui est amour désintéressé. Cependant, même ces ténèbres dont nous sommes nous-mêmes responsables ne sont pas éternelles, car la damnation éternelle n'existe pas ! Il est possible que nous vivions longtemps dans les ténèbres si nous nous y complaisons. Mais Dieu est lumière ! La lumière est amour et l'amour est chaleur – c'est Dieu, notre Père, le Dieu Père-Mère ! Il nous aime et nous appelle. Il nous a envoyé Son Fils, le Corégent des cieux, pour qu'Il nous transmette une part de Son héritage divin, la force partielle issue de la force primordiale, un soutien sur notre chemin de retour vers notre patrie, vers l'éternité. Ce soutien, c'est le Christ, notre Rédempteur, la lumière de la rédemption en nous.

Beaucoup de personnes ont peur de la mort. Pourquoi ? En fin de compte, ce n'est pas tant la mort en soi qui les effraie mais, inconsciemment, elles ont peur de leurs propres péchés. En effet, lorsque l'âme se retire progressivement du corps qui s'éteint, certaines personnes prennent conscience de ce qu'elles ont causé par leur comportement allant à l'encontre de leur vie véritable, de leur héritage spirituel. C'est de là que vient la peur de la mort.

Nous souhaitons dire à tous nos prochains qui sont nos frères et nos sœurs qu'il n'est pas possible de trouver soutien, sécurité ou aide à l'extérieur ! Et encore moins dans les églises institutionnelles qui se prétendent chrétiennes. D'où cet appel : sortez des édifices faits de main d'homme, appelés « églises » ! Vous êtes *vous-mêmes* le temple de Dieu ! Puisque la lumière de Dieu brille en vous, puisqu'en vous se trouve l'être divin et que vous êtes un héritier du royaume de Dieu, que vous faut-il faire ? Prier et accomplir le contenu de vos prières. Alors, ce qui est inscrit dans votre cœur se réalisera : vous êtes vie éternelle, contemplée par le Père éternel qui vous aime et vous appelle, votre Père qui a envoyé Son Fils, notre frère divin, afin que nous apprenions à comprendre que la force divine est en nous et que chacun de nous est le temple de Dieu. Au plus profond de notre âme se trouve un grand être divin.

Plus nous nous purifierons, plus il nous sera facile de déposer notre enveloppe physique le moment venu, car nous ressentirons que le Christ nous prend par la main et nous reconduit pas à pas à la maison du Père éternel. Nous n'aurons alors plus à nous incarner – nous cheminerons avec détermination vers le royaume de Dieu !

Sources

1)   Traduit du livre allemand : « Bruder Jesus »,
     S. Ben-Chorin, Livre de poche dtv, Munich 1977, p. 25
     (Trad. du titre : « Frère Jésus »)
2)   Traduit du livre allemand : « Das Evangelium der Pistis
     Sophia », édité par C.M. Siegert, Bad Teinach-Zavelstein
     1991, 2ème édition, p. 234
     (Trad. du titre : « L'Evangile de Pistis Sophia »)
3)   Traduit du livre allemand : « Kehret wieder
     Menschenkinder », K.O. Schmidt, 1970, p. 42
     (Trad. du titre : « Revenez, enfants humains ! »)
4)   Traduit de la version allemande du livre :
     « Adversus Jovinian », Lib. I
5)   Traduit de la version allemande du livre :
     « Jovinianum II », 6
6)   Traduit du livre allemand : « Wiedergeburt », H. Bauer,
     2ème édition. 1998, p. 127
     (Trad. du titre : « La réincarnation »)
7)   Traduit du livre allemand :
     « Origenes, Joh. Komm. » VI, 13.74
     (Trad. du titre : « Origène, commentaires sur Jean »)
8)   Traduit du livre allemand : « Origenes», Peri Archon,
     II,9,7 (Trad. du titre : « Origène »)
9)   Traduit du livre allemand : « Wiedergeburt », H. Bauer,
     2ème édition. 1998, p. 145
     (Trad. du titre : « La réincarnation »)
10) Ibidem, p. 142
11) Traduit du livre allemand : « Origenes, der Diamantene »,
     Robert Sträuli, Zurich 1987, p. 317
     (Trad. du titre : « Origène, le diamant »)
12) Ibidem, p. 335

Suggestions de livres

D'où venons-nous ? Où allons-nous ?

La vie après la mort, le voyage de l'âme

La mort ne constitue pas le terme de notre existence mais bien plutôt le portail vers sa continuation sur un autre plan. Cet ouvrage livre des connaissances transmises par le monde spirituel divin sur des questions préoccupant l'humanité depuis toujours, par ex. : Que se passe-t-il au moment de la mort ? Qu'éprouve l'âme en quittant le corps ? Quel est le sens de notre vie sur Terre ?...

104 pages • *N° ISBN 978-3-89201-944-2*

Egalement disponible en e-book : www.editions-gabriele.com

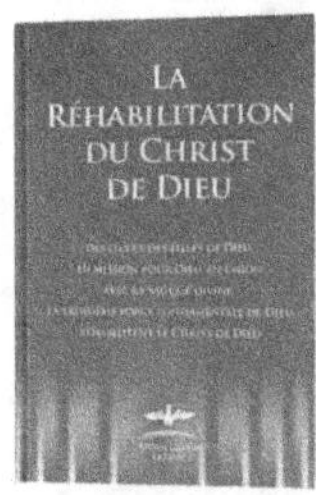

La réhabilitation du Christ de Dieu

Un ouvrage unique qui dévoile l'usurpation du nom de Jésus, du Christ, par les religions extérieures, en apporte les preuves et l'éclaire d'un point de vue spirituel.

Découvrez :

- La lutte menée par les religions extérieures contre le courant du christianisme des origines
- Les violences, guerres et crimes commis sous l'étiquette « chrétienne »
- Les dogmes des églises – une déclaration de guerre contre le Christ
- La trace sanglante laissée par les églises au cours de l'Histoire
- Le mépris et l'oppression des femmes
- Les crimes de l'église envers les enfants
- La guerre contre les animaux et les crimes commis envers la création
- Découvrez ce que Jésus, le Christ, a vraiment enseigné et ce qu'Il enseigne aujourd'hui à travers la parole prophétique : l'Esprit libre, Dieu en nous

730 pages • *N° ISBN 978-3-89201-509-3*

Moi•Moi•Moi

L'araignée dans sa toile

La loi de la correspondance et
la loi de la projection

Ce livre dévoile comment les hommes s'influencent et
se manipulent mutuellement au quotidien. Il lève également le voile sur les conséquences de leurs attitudes
négatives, aussi bien sur Terre que dans les domaines de
l'au-delà. Mais il montre aussi, à la lumière des enseignements du Christ, le
chemin permettant de se libérer des liens qui ont été tissés.

287 pages • N° ISBN 978-3-89201-104-0

Egalement disponible en e-book : www.editions-gabriele.com

Vis l'instant et tu te vois et te connais

La journée nous parle à travers les situations que nous
traversons, les personnes que nous rencontrons, à travers
chaque sentiment, sensation, pensée, parole et acte. Si nous
vivons consciemment l'instant présent, nous reconnaîtrons
ce qu'il veut nous dire. Saisissons cette chance !

87 pages • N° ISBN 978-3-89371-313-4

**Egalement disponible en e-book :
www.editions-gabriele.com**

N'hésitez pas à demander notre catalogue complet
ainsi que des extraits gratuits de livres sur de nombreux thèmes
auprès de notre diffuseur en France :

Diffusion des Editions Gabriele
BP 50021 • 13376 Marseille 12 • France
www.editions-gabriele.com

Gabriele-Verlag Das Wort
Max-Braun-Str. 2 • 97828 Marktheidenfeld • Allemagne
www.gabriele-verlag.com